Alois Hermwille

Ministranten beten

Alois Hermwille

Ministranten beten

Gebete vor und nach der Messe

Herder Freiburg · Basel · Wien

Umschlagfoto: Raimund Schreiber, St. Peter (Schw.)

Imprimatur. – Paderbornae, die 24 maii 1985
Nr. 1/A 58–22.3/32
Bruno Kresing, Vicarius Generalis

Herstellung: Freiburger Graphische Betriebe 1985
ISBN 3-451-20490-8

Liebe Ministranten!

„Ich nenne euch nicht mehr Knechte, sondern Freunde", sagt Jesus (Joh 15,15).

So möchte auch ich Euch Ministranten Freunde des Priesters und zugleich Freunde Jesu nennen. Mit dem Priester steht Ihr im Zentrum der heiligen Handlung. Die Nähe zum Altar muß immer auch Nähe zu Jesus sein. Priester und Ministranten werden von der Gemeinde gesehen, aber sie dürfen keine Schau machen. „Nur um Dienst und Lobpreis" (hl. Ignatius) muß es ihnen gehen. Und wenn die Ministranten nicht bei der Sache sind, dann gilt das Wort Jesu: „Sie wissen nicht, was sie tun." (Lk 23,34) Die Ministranten sind dem Priester ja gleichsam Augen, Hände und Füße. Ihr Dienst macht es dem Priester möglich, seinen Dienst in der heiligen Feier in Ruhe und Sammlung zu verrichten.

So hoffe und wünsche ich, daß Euch dieses kleine Buch ein wenig helfen kann, Euren Dienst durch eine kurze Meditation vor und nach der Messe zu vertiefen. Die Texte und Gebete sind von vielen Ministranten erprobt und für dieses Buch ergänzt worden.

Euer
Pfarrer *Alois Hermwille*

Hinweise für den praktischen Gebrauch

In der Sakristei

Das Buch hat seinen Platz bei den liturgischen Büchern in der Sakristei.
Ein Ministrant nimmt es rechtzeitig zur Hand und sucht einen passenden Text zum Kirchenjahr oder zu einem Thema (siehe Verzeichnisse, S. 78–79) aus. Die Texte eignen sich für alle Gottesdienstformen.
Vor Beginn des Gottesdienstes kommen Ministranten, Priester, Lektoren, Sakristan, Kommunionhelfer, Kantor zusammen, und ein Ministrant trägt die Gebete und Texte vor (Wir hören - Wir bedenken - Wir danken/loben).
Nach dem Gottesdienst folgt in der Sakristei das Dankgebet. Erst dann werden die liturgischen Gewänder abgelegt.

Für den einzelnen und die Gruppen

Die Texte und Gebete wollen anregen, Impulse geben, hinführen zum Beten. Wie in einer kleinen Gebetsschule reihen sie sich aneinander. Jeder kann sich eigene Gedanken dazu notieren, weitere Schriftzusammenhänge aufspüren, passende Geschichten ausfindig machen, auf zusätzliche Gebete hinweisen oder neue Gebete formulieren. Auch für diese und ähnliche Ergänzungen ist der freie Raum auf einigen Seiten gedacht.

Inhalt

Vorwort 5
Hinweise für den praktischen Gebrauch 6
Adventszeit 1–3 8
Weihnachtszeit 1–2 14
Fastenzeit 1–5 18
Osterzeit 1–2 28
Pfingsten 32
Fronleichnam 34
Im Jahreskreis 1–12 36
Allerheiligen 56
Allerseelen 58
Christkönig 60
Marienfeste 1–2 62
Heiligenfeste 1–4 66
Tod und Auferstehung 74
Mission – Diaspora 76

Stichwortverzeichnis 78
Kirchenjahrverzeichnis 79

Adventszeit 1

Wir hören

**„Suchet zuerst das Reich Gottes
und seine Gerechtigkeit;
alles andere wird euch
dazugegeben werden.“** Mt 6,33

Wir bedenken

**Das Reich Gottes ist nicht
Essen und Trinken, Hobby,
Sport und Karriere;**

**das Reich Gottes ist Gerechtigkeit,
Friede und Freude
im Heiligen Geist.** vgl. Röm 14,17

Wir beten

Vater im Himmel.
Dein Reich komme:
Es komme in unsere Häuser,
Schulen, Büros und Fabriken.

Es komme zu allen Völkern,
Kontinenten und Sprachen. Amen.

Wir danken

Ich preise dich, Vater,
Herr des Himmels und der Erde,
daß du dies vor Weisen und Klugen verborgen,
Kleinen aber geoffenbart hast. Mt 11,25

Adventszeit 2

Wir hören

„Gott ist Licht –
Finsternis gibt
es nicht in ihm.“ 1 Joh 1,5

Wir bedenken

Im menschlichen Leben
liegen Licht und Schatten,
Freude und Leid,
Gut und Böse
oft dicht beieinander.

Bei Gott dagegen ist
nur Licht,
nur Wahrheit,
nur Klarheit.

Wir beten

O Gott,
du Quelle des Lichtes!
Mache uns hell und rein
bis auf den Grund
unseres Herzens. Amen.

Wir danken

Guter Gott!
„Dank, daß du uns berufen
aus tiefer, tiefer Nacht
zu deines Thrones Stufen,
zu deines Lichtes Pracht.“

Adventszeit 3

Wir hören

Der HERR sprach zum Propheten:

**„Wen soll ich senden?
Wer wird für uns gehen?"**

Jesaja erwiderte:

**„Hier bin ich,
sende mich."** vgl. Jes 6,8

Wir bedenken

**Welche Bereitschaft!
Keine Gegenfrage,
kein Einwand,
kein Wenn und Aber.**

Wir beten

Herr,
gib uns
die Dienstbereitschaft
des Propheten Jesaja. Amen.

Wir loben

Lobt den Herrn,
all seine Engel.
Lobt ihn,
all seine Scharen.

Lobt den Herrn,
all seine Werke,
an jedem Ort
seiner Herrschaft!

Wir hören

Der Apostel Johannes schreibt:

**„Wir haben Jesu Herrlichkeit
gesehen;
die Herrlichkeit des einzigen
Sohnes vom Vater,
voll Gnade und Wahrheit."** vgl. Joh 1,14

Wir bedenken

**Johannes war der
Lieblingsjünger Jesu.
Er war von
Jesus begeistert.
Er folgte ihm
bis unter das Kreuz.**

Wir beten

Großer Gott!
Zeige die Macht und Größe
deines Sohnes
allen Menschen.

Uns aber mache
froh und stark
im Glauben. Amen.

Wir danken

„Nun haben wir gesehen
des Sohnes Herrlichkeit.

Sein Licht blieb bei
uns stehen.

Gott sei gebenedeit!“

Weihnachtszeit 2

Wir hören

„Ich bin das Licht
der Welt." Joh 8,12

Wir bedenken

Die Geschichte kennt
große Persönlichkeiten:
Staatsmänner, Gelehrte,
Künstler, Dichter,
Propheten, Heilige.
Aber sie alle sind
nicht das Licht,
sie geben nur Zeugnis
vom Licht. vgl. Joh 1,7

Wir beten

Herr Jesus, du allein
bist „Gott von Gott
und Licht vom Lichte." vgl. Credo

Erleuchte die Welt!
Erleuchte auch uns! Amen.

Wir loben

Ich will den
Herrn preisen,
allezeit und überall.

Immer sei sein Lob
in meinem Mund.

Besucht hat uns
das Licht aus der Höhe.
Gepriesen sei Gott.

Wir hören

**„Kehrt um, und glaubt
an das Evangelium!“** Mk 1,15b

Wir bedenken

**Wer auf dem falschen Weg ist,
muß umkehren.
Den richtigen Weg zeigt
uns das Evangelium.**

**Wer glaubt, wer Gott und
den Nächsten liebt,
der kommt ans letzte Ziel.**

Wir beten

**Zeige, Herr,
uns deinen Weg,
deinen Willen
zu erfüllen;
denn du bist unser Gott,
dein Licht laß über uns
leuchten. Amen.**

Wir danken

**Danket,
danket dem Herrn,
denn er ist sehr
freundlich.
Seine Güt'
und Wahrheit
währet ewiglich.** GL 283

Fastenzeit 2

Wir hören

**„Wer nicht sein Kreuz
auf sich nimmt
und mir nachfolgt,
ist meiner nicht würdig.“** Mt 10,38

Wir bedenken

**Wer möchte schon ein
Kreuz tragen:**

**Leid,
Krankheit,
Einsamkeit,
Hunger ...?
Jesus nahm das Kreuz freiwillig.**

Wir beten

Herr,
hilf uns,
unser Kreuz zu tragen.
Hilf uns auch,
andern im Leid
zu helfen. Amen.

Wir loben

Im Kreuz ist Heil,
Im Kreuz ist Leben,
Im Kreuz ist Kraft.

Im Kreuz ist Recht,
Im Kreuz ist Klarheit,
Im Kreuz ist Wahrheit. GL 205,1

Fastenzeit 3

Wir hören

„Jesus Christus war gehorsam
bis zum Tod;
bis zum Tode am Kreuz." Phil 2,8

Wir bedenken

Wir möchten herrschen,
kommandieren,
an erster Stelle
stehen.

Jesus kam, um zu gehorchen,
zu dienen,
ja „sein Leben
hinzugeben". vgl. Mt 20,28

Wir beten

**Jesus Christus,
Herr und Meister.
Du bist demütig.
Du hast deinen Jüngern
die Füße gewaschen.**

**Bewahre uns vor Stolz
und Überheblichkeit. Amen.**

Wir loben

**„Gott
hat Jesus über alle erhöht
und ihm einen Namen verliehen,
der größer ist als alle Namen.“**

**Vor ihm soll jedes
Knie sich beugen. Amen.** vgl. Phil 2,9–10

Wir hören

Am Kreuz sprach einer der Verbrecher:

**„Jesus, denk an mich,
wenn du in dein Reich kommst."**

Jesus antwortete ihm:

**„Heute noch wirst du mit
mir im Paradies sein."** vgl. Lk 23,42

Wir bedenken

**Ein Wort von Jesus genügt,
um jeden,
der ehrlich bittet,
zu retten.**

Wir beten

**O Gott,
kein Mensch ist ohne Sünde.**

**Alle haben dein Erbarmen nötig.
Vergib auch uns
unsere Schuld. Amen.** vgl. Mt 6,12

Wir danken

**Danken will ich dem Herrn
aus ganzem Herzen,
preisen seinen Namen;**

**denn größer als
Sünde und Schuld
ist sein Erbarmen.**

Wir hören

Jesus sprach beim letzten Abendmahl zu seinen Jüngern:

**„Ich habe mich sehr danach gesehnt,
vor meinem Leiden dieses Paschamahl
mit euch zu essen".** Lk 22,15

Wir bedenken

**Jesus sehnt sich nach uns Menschen.
Brennt unser Herz auch für ihn?** vgl. Lk 24,32

Wir beten

Herr Jesus,
du hast uns zuerst geliebt.
Du willst alle Menschen
an dich ziehen. vgl. Joh 12,32

Gib uns die Gnade,
die Größe deiner Liebe
zu verstehen. Amen.

Wir loben

Erhabener,
allmächtiger,
guter Herr,
dein sind der Lobpreis,
die Herrlichkeit
und die Ehre.

Kein Mensch ist in der Lage,
dich würdig zu preisen.

Möge dir dennoch unser
Lob gefallen. Amen.

vgl. Sonnengesang des hl. Franz v. Assisi

Osterzeit 1

Wir hören

„Ich bin gekommen,
um Feuer auf die Erde zu werfen.
Wie froh wäre ich,
es würde schon brennen." Lk 12,49

Wir bedenken

Feuer kann dienen:
wärmen, leuchten, reinigen ...

Feuer kann vernichten:
Brand, Blitzschlag, Atombombe ...

Das Feuer der Leidenschaft tötet:
Geldgier, Genußsucht, Unzucht ...

Das Feuer der Liebe heiligt.

Wir beten

Herr Jesus Christus,
um die Menschen zu retten,
bist du in die Welt gekommen.

Du hast uns geliebt bis in den Tod.
Entzünde in uns das Feuer
deiner Liebe. Amen.

Wir danken
mit den Worten der Osternacht:

In Wahrheit ist es würdig
und recht, den Vater zu preisen
und den Sohn,
unsern Herrn Jesus Christus.

Eingelöst hat er für uns
die Schuld des Adam,
ausgelöscht den Schuldbrief
der alten Sünde.

O wunderbares Erbarmen des Vaters!
O unbegreiflicher Ratschluß der Liebe:

um den Knecht zu erlösen,
gabst du den Sohn dahin.

Osterzeit 2

Wir hören

„Ich bin der gute Hirt.
Ich kenne die Meinen,
und die Meinen kennen mich." Joh 10,14

Wir bedenken

Nur einer kennt uns
durch und durch,
Jesus, der gute Hirt.

Er kennt unsere guten,
er kennt unsere schlechten
Seiten.

Wir beten

Wir sprechen mit Petrus:
„Herr, du weißt alles,
du weißt,
daß ich dich lieb habe." Amen. vgl. Joh 21,17

Wir loben

Preisen will ich
den Herrn mein
Leben lang.

Möge ihm mein
Dienst gefallen!

Im Herrn will ich
mich freuen allezeit! vgl. Psalm 104 (103), 33

Pfingsten

Wir hören

Ihr werdet meine Zeugen sein ...
bis an die Grenzen der Erde.“ Apg 1,8

Wir bedenken

Wo sind die Grenzen der Erde:
In Asien, in Alaska,
auf dem Südpol ...?

Überall, wo es Menschen gibt,
soll das Wort Gottes hingelangen.

Wir beten

Herr,
die Welt ist groß,
die Kraft eines Menschen
ist gering.

Stärke alle, die für
dich und dein
Reich arbeiten. Amen.

Wir loben

„Ich singe dir mit
Herz und Mund,
Herr,
meines Herzens
Lust;

ich sing und mach
auf Erden kund,
was mir von dir bewußt.“ Dichterwort

Fronleichnam

Wir hören

Beim Abendmahl sprach
Jesus zu seinen Jüngern:

„Tut dies zu meinem Gedächtnis!" Lk 22,19

Wir bedenken

An Jesus denken,
wie Jesus handeln,
durch Jesus verwandelt werden,
in und mit Jesus
dem Vater alle Ehre geben –
das geschieht in
der heiligen Messe.

Wir beten

Herr Jesus,
du bist das wahre Osterlamm:
Dein geopferter Leib ist
unsere Speise,
dein vergossenes Blut
unser Trank.
Sei uns Nahrung auf dem
Lebensweg,
bis wir vollendet werden. Amen.

Wir loben

Durch Christus
und mit ihm
und in ihm
ist dir, Gott,
allmächtiger Vater,
alle Herrlichkeit
und Ehre. Amen.

Wir hören

Wärest du doch kalt oder heiß!
Weil du aber lau bist,
will ich dich
aus meinem Mund ausspeien." Offb 3,15–16

Wir bedenken

Das sind scharfe Worte.
Jesus will Klarheit,
keine faulen Kompromisse.

Wir beten

Herr,
du hast die Wahrheit gelehrt
und gelebt.
Gib auch uns die Kraft,
für unsere Überzeugung
offen und ehrlich einzutreten. Amen.

Wir danken

Gott ist mein Heil;
auf ihn vertraue ich.
Der Herr ist meine Kraft;
ich fürchte mich nicht.

Wir hören

**„Himmel und Erde werden vergehen,
aber meine Worte werden nicht vergehen."** Mt 24,35

Wir bedenken

**Alles Geschaffene vergeht.
Gott allein besteht.**

Wir beten

**Herr und Gott,
du bist ohne Anfang
und ohne Ende.**

**Führe und leite uns
in der Zeit,
und schenke uns
einst die Ewigkeit. Amen.**

Wir loben

**Dich, o Gott, loben wir.
Dich, Herr, preisen wir,
denn „voll sind Himmel
und Erde von deiner Herrlichkeit." Amen.**

vgl. Sanctus

Wir hören

Jesus sprach zu Simon Petrus:

„Fürchte dich nicht!
Von jetzt an wirst
du Menschen fangen!“ Lk 5,10

Wir bedenken

Fische fangen,
das konnte Petrus,
das war sein Beruf.

„Menschen fangen“,
das mußte er bei
Jesus lernen:
zu lehren,
zu taufen,
die Menschen
„mit Gott zu versöhnen“. vgl. 2 Kor 5,20

Wir beten

Herr, durch Menschen
willst du Menschen retten.

Gib deiner Kirche
gute Priester, Schwestern, Helfer
und damit immer
neue „Menschenfischer". Amen.

Wir danken

Christus, göttlicher Herr,
du bist
mein Friede,
mein Glück,
mein Leben!

Dich, Herr,
lieb' ich allein,
suche dich,
folge dir nach. Amen.

Stundenbuch, Komplet, Samstag, 2. Hymnus

Wir hören

Der HERR sprach zum Propheten Jeremia:
„Gürte dich,
tritt vor die Menschen
und verkünde ihnen alles,
was ich dir auftrage!“ Jer 1,17

Wir bedenken

Jeremia war noch jung,
als er zum Propheten
berufen wurde.
Aber Gott war mit ihm.
Er brauchte sich nicht
zu fürchten.

Wir beten

„Herr, hier bin ich,
was willst du, daß ich tue?
Schicke mich, wohin
du willst.“ Amen. Franz Xaver, großer Missionar

Wir loben

Großer, heiliger,
herrlicher Gott!

Es ist schön,
dir zu dienen,
deinen Namen,
du Höchster,
zu verkünden.
Dir sei die Ehre
in Ewigkeit.
Amen.

Im Jahreskreis 5

Wir hören

„Selig, die ein
reines Herz haben:
denn sie werden
Gott schauen." Mt 5,8

Wir bedenken

Die Menschen schauen oft
auf Äußerlichkeiten:

saubere Hände,
schöne Kleidung,
feine Manieren.

Gott dagegen
schaut auf das Herz. vgl. 1 Sam 16,7; vgl. Mt 15,18f.

Wir beten

**O Gott, vor dir liegt
alles offen.**

**Gib, daß wir die
Wahrheit lieben,
ohne uns und anderen
etwas vorzumachen. Amen.**

Wir loben

**Herr, ich liebe die
Kirche, den Ort,
wo deine Herrlichkeit
wohnt.**

**Mit Freude diene ich
an deinem Altar,
um dein Lob zu
verkünden.** vgl. Psalm 26 (25), 6–8

Wir hören

Im Buche des Propheten Jesaja heißt es:

„Der Geist des Herrn läßt sich nieder auf ihm:
der Geist der Weisheit
und der Einsicht,
der Geist des Rates und der Stärke,
der Geist der Erkenntnis
und der Gottesfurcht. Jes 11,2

Wir bedenken

Wo der Geist des Herrn ist,
da ist Freiheit,
da ist Licht und Freude. vgl. 2 Kor 3,17

Wir beten

**O Gott,
durchdringe uns mit
deinem Geist:
denn „gutes Denken,
Tun und Dichten
mußt du selbst in
uns verrichten". Amen.** vgl. GL 520,2

Wir danken

**Wie kann ich dem
Herrn vergelten,
was er mir Gutes getan?**

**Dankbar will ich
immer wieder kommen
und schöpfen aus den
Quellen des Heiles.** vgl. Psalm 116,12

Wir hören

„Die Freude am Herrn
ist unsere Stärke." Neh 8,10b

Wir bedenken

Freude am Herrn,
das ist Freude an Gott;
Freude an seiner Macht
und Herrlichkeit,
an seiner Gerechtigkeit
und Wahrheit,
an seiner Güte und
Menschenfreundlichkeit.

Wir beten

**Großer, starker,
unsterblicher Gott!
Erleuchte unsern Verstand
und erfülle unser Herz
mit heiligem Eifer
für dich und dein Reich. Amen.**

Wir loben

**Der die Plejaden schafft
und den Orion,
der die Finsternis
in Morgen verwandelt
und den Tag zur
Nacht verdunkelt,
der den Wassern
des Meeres ruft und
sie über die Fläche
der Erde ausgießt:**

**Jahwe – HERR – ist sein Name.
Ihm sei Ehre in Ewigkeit.** vgl. Amos 5,8

Wir hören

**„Fürchte dich nicht, du kleine Herde,
denn euer Vater hat beschlossen,
euch das Reich zu geben."** Lk 12,32

Wir bedenken

**Jesus nannte seine Jünger
eine kleine Herde.
Die Gläubigen in der Diaspora
sind eine kleine Herde.**

**Auch bei uns sind oft
nur wenig Beter in
der Kirche.**

Wir beten

Herr Jesus.
Wo zwei oder drei in
deinem Namen versammelt sind,
da bist du mitten unter ihnen. vgl. Mt 18,20

Mache deine Diener
treu und stark, besonders da,
wo sie auf einsamem Posten
stehen. Amen.

Wir loben
mit den Worten Marias:

Meine Seele preist
die Größe des Herrn,
und mein Geist jubelt
über Gott, meinen Retter.
Denn der Mächtige hat Großes
an mir getan,
und sein Name
ist heilig. Lk 1,46–49

Wir hören

Die Kirche lehrt:

**„Die Ministranten – Lektoren,
Kommentatoren und die Mitglieder
der Kirchenchöre – vollziehen
einen wahrhaft liturgischen Dienst."**

vgl. Vat. II. Lit. Konst. 29

Wir bedenken

**Liturgischer Dienst ist
Dienst am Werk der Erlösung
und der Verherrlichung Gottes.**

**Das erfordert aufrichtige
Frömmigkeit, Sammlung
und Ordnung.**

Wir beten

**Herr Jesus Christus,
du hast die Welt erlöst.
Du hast dem Vater alle
Ehre gegeben.
Wir danken dir.**

**Wir danken dir auch dafür,
daß du uns zum heiligen
Dienst gerufen hast. Amen.**

Wir danken

**Der Sperling hat ein
Heim gefunden,
ein Nest die Schwalbe,
ihre Jungen darin
zu bergen.**

**So birgt mich dein Altar,
mein König und mein Gott!** vgl. Psalm 84 (83),3f.

Wir hören

„Gott will, daß alle Menschen gerettet werden und zur Erkenntnis der Wahrheit gelangen."

1 Tim 2,4

Wir bedenken

Gottes Liebe richtet sich auf alle Menschen;
kein Stamm,
kein Volk,
kein Erdteil
ist davon ausgeschlossen.

Wir beten

Vater im Himmel.
Menschenfreundlicher Gott.
Segne die Arbeit der
Missionare bei allen Völkern,
Rassen und Nationen. Amen.

Wir danken

„Was ER einst hat verheißen
den Vätern,
das ward wahr;
drum soll IHN alles preisen,
Gott rettet wunderbar".

Wir hören

„Mir ist alle Macht gegeben
im Himmel und auf der Erde." Mt 28, 18b

Wir bedenken

Alle Macht hat nur einer,
der Herr der Herren,
Gott!
Ihm gilt unser Dienst.
Seiner Herrschaft muß alles unterworfen werden.

Wir beten

Herr,
herrsche in mir
und wirke durch mich
in der Welt. Amen.

Wir loben

Vom Aufgang der Sonne
bis zum Untergang
sei der Name des Herrn gelobt.
Der Herr ist erhaben über alle Völker,
seine Herrlichkeit überragt die Himmel.
Lob und Ehre seinem Namen
jetzt und in alle Ewigkeiten. vgl. Psalm 113 (112), 3f

Wir hören

Jesus sprach zur Sünderin:

„Frau, hat dich keiner
verurteilt? –
Dann will auch ich
dich nicht verurteilen." vgl. Joh 8,10f

Wir bedenken

Jesus kam zu retten,
nicht zu richten.

Wir beten

Herr Jesus, guter Hirt.
Wir alle haben
gesündigt. –

Schenke uns dein
Erbarmen. Amen.

Wir loben

Gepriesen sei Gott,
der Vater unseres Herrn
Jesus Christus.

Er hat uns in
Christus erwählt.

Er hat uns aus Liebe zu
seinen Söhnen gemacht.

Er hat uns die Vergebung
der Sünden geschenkt.

Ihm sei Lob und Dank. Amen. vgl. Eph 1,3–9

Allerheiligen

Wir hören

Bis heute wird dem Himmelreich
Gewalt angetan;
die Gewalttätigen
reißen es an sich." Mt 11,12

Wir bedenken

„Gewalt" –
„Gewalt anwenden" –
damit soll hier gesagt sein:
Mit halbem Herzen,
mit halben Entschlüssen,
mit halbem Einsatz kann
keiner zu Gott kommen.

Wir beten

Herr und Gott,
das Himmelreich ist das
Schönste und Kostbarste,
was es gibt.

Hilf uns,
den Siegeskranz
des ewigen Lebens
zu gewinnen. Amen.

Wir loben

Die Himmel rühmen
die Herrlichkeit Gottes –

Sein Lob erschalle
bis zu den
Enden der Erde. vgl. Psalm 19 (18),2

Allerseelen

Wir hören

**„Selig die Toten,
die im Herrn sterben;
... sie sollen ausruhn
von ihren Mühen,
denn ihre Werke
begleiten sie.“** Offb 14, 13

Wir bedenken

**„Im Herrn leben,
im Herrn sterben“,
das heißt:
auf Jesus hören,
Jesus lieben,
Jesus treu bleiben
bis in den Tod.**

Wir beten

Herr,
gib den Verstorbenen
die ewige Ruhe.

Uns aber laß wachsen
in der Gnade und
in guten Werken. Amen.

Wir loben

„Das Wort ist Fleisch
geworden,
nahm bei uns Herberg an,
hat so des Himmels
Pforten uns wieder
aufgetan.“

Christkönig

Wir hören

„Jesus Christus ist derselbe
gestern, heute und in Ewigkeit.“ Hebr 13,8

Wir bedenken

GESTERN, das sind die
Jahrmillionen der Vergangenheit,
HEUTE, das sind alle
Erkenntnisse, Kräfte und
Mächte der Gegenwart;
IN EWIGKEIT, das ist die
Zukunft mit allem, was
noch kommen mag.

Wir beten

**Wie bist du, Herr,
gewaltig groß!
Wir loben dich,
wir preisen dich,
wir beten dich an,
wir rühmen dich und
danken dir. Amen.** vgl. Gloria der Messe

Wir loben und danken

**Dem König der Könige,
dem Herrn der Herren,
dem Herrscher der
Heerscharen
sei Lob und Dank,
Ehre und Anbetung
in Ewigkeit. Amen.**

Wir hören

Vom Kreuz herab sprach Jesus
zu seiner Mutter:
„Frau, siehe, dein Sohn!"
und zu seinem Jünger (Johannes):
„Siehe, deine Mutter!" vgl. Joh 19,26f

Wir bedenken

Jesus hing zwischen Himmel
und Erde.
Sein Tod war nahe.
Da sorgte er noch für
seine Mutter.
Er gab sie seinem Jünger Johannes.
So wurde Maria auch unsere Mutter.

Wir beten

Herr Jesus,
du hast uns geliebt bis
zum letzten Atemzug.
Du hast dein Werk „vollbracht".
Wir neigen uns vor dir.
Wir beten dich an. Amen.

Wir danken

Wir rühmen uns
des Kreuzes unseres
Herrn Jesus Christus.

In ihm ist uns
Heil geworden und
Auferstehung und Leben. Amen. vgl. Gal 6,14

Wir hören

Der Engel sprach zu Maria:
„Der Herr ist mit dir.
Du hast bei Gott Gnade gefunden.
Du wirst einen Sohn gebären.
Dem sollst du den Namen Jesus geben.
Er wird Sohn des Höchsten
genannt werden.“ vgl. Lk 1, 28,30–32

Wir bedenken

Maria hörte die Botschaft.
Maria überlegte ...
Maria antwortete:
„Mir geschehe, wie du es
gesagt hast“. vgl. Lk 1,38

Wir beten

Maria war bereit,
bereit zu allem,
was der Engel ihr sagte!

Schenke auch uns
die Gnade, offen zu sein für dein Wort
und danach zu leben. Amen.

Wir danken

Der Himmel freue sich,
es freue sich die Erde!

Jesus wurde Mensch,
damit wir Kinder
Gottes werden.

ER hat uns befreit. Amen.

Heiligenfeste 1

Wir hören

„Seid heilig,
denn ich, der Herr,
euer Gott, bin heilig.“ Lev 19,2b

Wir bedenken

Heil ist,
wer nicht wund und
krank ist. –

Heilig ist,
wem Gott seine Gnade
und die Vergebung
der Sünden geschenkt hat.

Wir beten

**O Gott,
du allein bist heilig.
Heilige uns, deine Diener,
und die ganze Kirche.
Durch Christus
unseren Herrn. Amen.**

Wir loben

**Das Wort des Herrn
ist wahrhaftig,
all sein Tun
ist verläßlich.**

**Ja, an ihm freut sich
unser Herz,
wir vertrauen
auf seinen heiligen Namen.** Psalm 33 (32)

Heiligenfeste 2

Wir hören

„Seht, ich sende euch wie
Schafe mitten unter die Wölfe.

Seid daher klug wie die
Schlangen und arglos
wie die Tauben.“ Mt 10,16

Wir bedenken

Die Schafe,
das sind die Jünger und
die Glaubensboten.

Die Wölfe,
das sind die Mächte
des Bösen in der Welt.

Die Jünger sollen auf
der Hut sein,
aber fürchten sollen
sie sich nicht.

Wir beten

**Herr, ich bin oft feige,
zu feige, um mich klar
und offen zu dir zu bekennen.
Stärke mich, und nimm mir
alle Menschenfurcht. Amen.**

Wir danken

**Gott ist mit uns.
Wir brauchen nichts
zu fürchten.**

**Selbst wenn tausend Mann gegen uns kämpften,
wir brauchen den Mut
nicht zu verlieren.**

**Denn Gott ist stärker
als alle Macht
der Welt.**

Wir hören

„Ihr seid das Salz
der Erde,
ihr seid das Licht
der Welt." Mt 5,13f.

Wir bedenken

Ohne Salz schmeckt
das Essen nicht.
Ohne Licht tappen wir
unsicher durch die Finsternis.

Wir beten

**Herr Jesus,
du bist das wahre Licht.
Dein Licht strahlt heller
als die Sonne.
Gib uns Licht von
deinem Licht,
sonst leuchtet unser
Leben nicht. Amen.**

Wir loben

**Licht und Dunkel,
preiset den Herrn!**

**Ihr Blitze und Wolken,
preiset den Herrn!**

**Ihr Engel Gottes,
preiset den Herrn!**

**Ihr Menschen alle,
preiset den Herrn!** vgl. Psalm 105 (104)

Wir hören

Der Herr sprach zu Petrus und Andreas:
„Kommt her, folgt mir nach!
Ich werde euch zu
Menschenfischern machen.“

Sofort ließen sie ihre
Netze liegen
und folgten ihm. Mt 4,19

Wir bedenken

Wenn der Herr ruft,
muß der Diener folgen.

Wir beten

**Herr,
die Apostel folgten
deinem Ruf auf der Stelle.**

**Schenke allen, die von dir
gerufen werden,
Glauben, Mut und Vertrauen. Amen.**

Wir danken

**Mein Hirt ist Gott der Herr,
er wird mir Nahrung geben;
und wird mich immerdar
an Wassern still und klar
erfrischen und beleben.** vgl. Psalm 22 (23) und GL 899

Tod und Auferstehung

Wir hören

„Ich bin die Auferstehung
und das Leben.
Wer an mich glaubt,
wird auf ewig
nicht sterben.“ Joh 11,25

Wir bedenken

Leben möchten alle.
Sterben müssen alle.

Wer an Jesus glaubt,
wird leben über den
Tod hinaus.

Wir beten

Herr, sind wir einmal müde,
dann stell ein Licht uns aus,
o Gott, in deiner Güte,
dann finden wir nach Haus. Amen. vgl. GL 656,5

Wir loben

Christus,
Herr der Zeit!

Christus,
König der Herrlichkeit!

Dir sei Ruhm
und Preis
und Ehre
jetzt und
in Ewigkeit. Amen.

Mission – Diaspora

Wir hören

„Geht zu allen Völkern,
und macht alle Menschen
zu meinen Jüngern;
tauft sie auf den Namen
des Vaters und des Sohnes und des Heiligen
Geistes." vgl. Mt 28,19

Wir bedenken

Wer soll gehen?
die Apostel, die Missionare,
Ärzte, Schwestern, Techniker ...
Vielleicht auch ich?

Wir beten

**Herr,
sende Arbeiter,
sende viele Arbeiter,
denn die Welt ist groß.
Sie ist dein großes
Erntefeld. Amen.**

Wir loben

**Lobt den Herrn,
ihr Völker alle,
preist ihn alle Nationen;**

**denn übergroß
ist sein Erbarmen,
seine Treue
währet ewig.** vgl. Psalm 117 (116)

Stichwortverzeichnis

	Seite
Begeisterung	14; 46; 70
Bereitschaft	21; 20; 64; 72
Berufung	12; 38; 72
Buße und Umkehr	18; 24
Christus gestern – heute – morgen	53; 60
Dienen, nicht herrschen	22; 50
Ein reines Herz	42
Feuer der Liebe	28; 62
Freude an Gott	46
Gaben des Heiligen Geistes	44
Gehorsam	22
Gott ist heilig	66
Gott ist Licht	10
Jesus, das Leben	34; 58
Jesus, das Licht	16; 70
Jesus, der gute Hirt	26; 70
Keine Angst	38; 40; 48; 68
Kreuz – Leid – Herrlichkeit	14; 20; 34; 62
Maria, Mutter des Herrn	48; 62; 64
Menschen fangen	38; 72
Mission – Diaspora	48; 52; 76
Reich Gottes	8; 56
Salz der Erde (Licht der Welt)	70
Sendung	68; 76
Tod und Auferstehung	37; 58; 74
Vergebung	24; 54
Warm oder kalt	36
Zeugen sein	32; 40

Kirchenjahr-Verzeichnis

Die Auswahl im Buch soll helfen, leicht passende Texte zu finden. Es können aber aus den angegebenen Nummern andere Texte ausgewählt werden. Die Ziffern beziehen sich auf die Seitenzahlen, die kursiven Ziffern sind bereits zugeordnet.

1. *Advents- und Weihnachtszeit:*
   8; *10*; *12*; *14*; *16*; 18; 42; 46; 56; 64; 66
2. *Fasten- und Osterzeit:*
   8; *18*; *20*; *22*; *24*; *26*; *28*; *30*; 34; 36; 42; 46; 54; 58; 60; 62; 66; 70
3. *Im Jahreskreis:*
   8–77 *(36–55)*
4. *Hochfeste:* (Weihnachten, Ostern, Pfingsten, Fronleichnam, Allerheiligen, Allerseelen, Christkönig)
   10; 14; 18; 28; *32*; *33*; *34*; 35; 42; 44; 46; *50*; 52; 53; *56*; *57*; 58; *60*; *61*; 62; 64; 66; *70*
5. *Marien- und Heiligenfeste:*
   8; 10; 20; 28; 36; 38; 40; 42; 48; 50; *62*; *63*; *64*; *65*; *66*; *67*; *68*; *69*; *70*; *71*; *72*; *73*
6. *Buße und Umkehr:*
   8; 10; 18; 20; 22; 24; 28; 30; 36; 42; 44; 46; 54; 56; 66; 70
7. *Mission – Diaspora:*
   12; 16; 18; 20; 28; 32; 38; 40; 44; 46; 48; 52; 53; 56; 68; *76*; *77*
8. *Tod und Auferstehung:*
   8; 20; 22; 37; 56; 58; 60; *74*; *75*